# A buen PUERTO

*El poder interno para*
*transformar la vida*

A N A   S E L M A

Texto: Ana María Selma Torralbo

Edición y maquetación: Cristina Medrano Moreno
ISBN: 978-84-128302-9-3
Depósito legal: BA-000171-2024
Primera edición, 2024
editorialcuatrohojas.com / info@editorialcuatrohojas.com

*Dedicado a todos los que habéis nombrado*
*y no solo identificado lo que más os dolió en vuestra vida.*

*Dedicado a todos los valientes*
*que queréis adentraros en el conocimiento*
*y transformación del trauma por abuso de autoridad*
*desde el paradigma de la evolución consciente\*1.*

---

1. Terminología de la autora Paloma Cabadas.

# ÍNDICE

# INTRODUCCIÓN

Quiero dejarte los resultados de mi investigación personal, que tienen que ver con una mayor comprensión del trauma por abuso de autoridad desde la perspectiva del trabajo de la autora Paloma Cabadas. Con esto, pretendo aportar mi experiencia y mis datos por si fueran de utilidad en caso de que quieras iniciar la transformación de tu trauma por abuso de autoridad, si es que lo tienes ya identificado o sospechas que puede ser el tuyo.

Según la autora e investigadora Paloma Cabadas (2013), se entiende por Trauma Nuclear en el marco de la evolución de la conciencia el condensado de sufrimiento no resuelto en las vidas experimentales de un ser humano en la Tierra.

Mi intención es ofrecerte una propuesta original y única de respuestas y soluciones creativas muy integradas en la vida cotidiana para que entiendas por ti mismo qué es lo que te está pasando ahora o lo que llevas pasando desde hace mucho tiempo y no entiendes por qué.

Un trauma no es un mal rato que pasaste, es algo que te cala hasta los huesos. El trauma al que me refiero aquí y del que espero que te cures te dejó en lo peor de ti.

Lo que vengo a aportarte son conclusiones y anotaciones fruto de mi investigación sobre el Trauma de Abuso de la Autoridad, los cuales he ido recogiendo en mi móvil en tiempo real según iban bajando a mi conciencia durante todo mi proceso de transformación.

Mi intención es ofrecerte una propuesta original y única muy insertada en la vida cotidiana. A medida que lo leas, te parecerá un recetario, un listado de estrategias, de pautas a seguir acerca de cómo resolver las consecuencias del abuso continuado y casi imperceptible a los sentidos. Digo *casi* porque, cuando te eduques bien, sentirás un enorme alivio y tranquilidad; sentirás que puedes y que siempre pudiste.

El orden de estas notas es el que mi conciencia ha utilizado para expresarlas. Indican un tiempo de maduración, es decir, las anoto cuando están a punto para su recogida. Estas conclusiones son como las uvas a punto de vendimiar, que vas a poder degustar para tu propio proceso interior, para tu propia evolución y sanación del trauma por abuso de autoridad.

En términos generales, he pretendido imprimir a mis resultados un carácter lúdico, pero a la vez serio. En otras ocasiones he tenido que llamar a las cosas por su nombre; es lo que tiene este trauma, verte partícipe de situaciones feas que no puedes maquillar y que tienes que afrontar desde la necesaria madurez, con perspectiva y con muchas ganas de resolución definitiva.

En algunas conclusiones encontrarás verdades muy contundentes y otras estarán sutilmente matizadas. Te adelanto que me ha costado la redacción de estas porque enfrentarse a la comprensión y sanación de un trauma por abuso de autoridad sin velos requiere mucha entereza y determinación para ponerse delante de la verdad.

Pero me han impulsado hacia adelante mis ganas de invitarte a que transformes toda la carga que traías sin resolver para que te adentres sin miedo a la sanación de un trauma complejo de entender y asimilar por la propia persona que lo lleva.

He cuidado mucho el no ofrecerte ninguna carga y emotividad innecesaria, me he esmerado en dar a estas notas un tono diferente, más depurado, con un carácter didáctico, para que sonrías al leerlas, te inspiren y recuperes el humor que creías haber perdido por la falta de confianza en ti y por la pérdida de perspectiva.

Como pistas para que te vayas situando en lo que te pasó, de adulto puedes recordar que dicho trauma estaba relacionado con abusos perpetrados en la primera infancia.

No todos los traumas tienen que relacionarse así, pero, si los has vivido en tu propio cuerpo, te van a dar unas primeras pistas. Puedes descubrir que dichos abusos fueron ocultados intencionadamente al exterior, es decir, fueron socialmente disfrazados de enfermedad como tapadera social, de modo que te has tragado todo el pastel que otros malintencionadamente habían creado para esconder y silenciar la verdad. Todo esto te lo puedes quitar, fíjate si es grande el paradigma de la evolución consciente.

Si has sufrido somatizaciones desde tu infancia, ahora puedes verlas de otra manera, porque son memorias de sucesos que solo están ahí para que te des cuenta y las resuelvas.

Son las llamadas de atención de un cuerpo pequeño por querer resolver, por mostrar a la luz lo que había ocurrido en la oscuridad. Es el lenguaje del cuerpo, no lo temas. Si has llegado con vida a la adultez, es que tu cuerpo, estratega amoroso, se ha empeñado en cuadrar todos los datos para desalojar sus memorias de sufrimiento y dejarte espacios internos muy diáfanos para que puedas disfrutar de una verdad que te deje tranquilo y en paz.

Subrayo que no todos los traumas por abuso de autoridad tienen por qué tener este contexto, pero identificar el suceso es de gran ayuda en tu avance, te da calma.

Ahora, con mayor perspectiva, comprobarás que tu cuerpo se toma sus tiempos para que resuelvas en las mejores condiciones. Te ha esperado hasta que alcanzaras el grado necesario de madurez como conciencia.

Con trabajo interior continuado, vas a conseguir reconciliarte con la situación, principalmente contigo. No es cuestión de perdón, sino de una comprensión de lo sucedido, de lo que se estaba jugando. No pudiste, tu cuerpo no pudo, porque eso que tanto te dolió, pasó. Y va a llegar el momento en que te dirás «¿entiendes ahora por qué no podías con la vida?». Era demasiado por resolver, pero lo vas a conseguir, porque si yo he podido hacerlo, tú también podrás.

Me ha costado mucho entender que el máximo poder lo tiene la víctima, quien puede interrumpir los procesos de victimización cuando se propone como conciencia detener definitivamente la dinámica. Te digo que no es fácil, y que requiere de trabajo interior continuado en el tiempo. Y, a veces, es un trabajo que hay que realizar a toro pasado, cuando se dan las mejores circunstancias. Es la mejor inversión que puedes hacer: dedicar tu tiempo de vida a comprender qué pasó realmente contigo. Además, no tienes que dejar de hacer tu vida normal y cotidiana, puedes fusionar tu proceso de sanación, de comprensión con tus quehaceres diarios. Se te va a hacer muy ameno.

Sentirás que emprendes una experiencia única, de una gran potencia amorosa, porque en cada paso consciente que des, te sentirás muy acompañado por gente de bien que te apoya, tanto en el descubrimiento de lo mejor de ti como en la resolución de toda tu carga de sufrimiento pendiente.

Hallarás tus tesoros según vayas abriendo puertas. Por mucho miedo que tengas, empújalas y descorre cortinas, solo te espera lo mejor.

Ahora eres adulto y estás en tu mejor momento para resolver aquello de lo que no querías oír hablar ni profundizar. Atravesarás tus miedos a la violencia. Tu madurez como conciencia te aporta ese grado de lucidez necesario para ver las cosas desde la verdad. Ya no hay nada que temer porque la energía de amar te arropará en este gran paso que has decidido dar: sanar definitivamente tu trauma por abuso de autoridad sin importar el tiempo que requiera.

Ahora tu prioridad eres tú. Es tu tiempo de vida, enterito solo para ti, para que disfrutes tu sanación desde un lugar nuevo, de cuidados, de atenciones exclusivas para ti, desde ti mismo.

Si percibes que la emoción dominante que te frena en todo esto es la ira, la bronca o la incapacidad para disfrutar de las pequeñas cosas o de ti mismo, no te preocupes, porque es demasiado al principio. Una vez que te pones a querer saber de ti, las dudas se irán disipando e irás encontrando tus propias respuestas y tus maneras de acercarte a ti con mucho mimo y ternura.

Esto funciona así, irás por capas hasta que llegues al final de meta y te darás cuenta de que habrás finalizado cuando toques el núcleo del trauma, y ya te digo que se te saltarán las lágrimas de emoción porque, en un tema como es el trauma de abuso de autoridad, tan increíblemente duro, la ayuda multidimensional y el acompañamiento que tengas será totalmente opuesto a lo que has vivido en la materia.

La ternura, el cuidado, la delicadeza de la llegada de la información estarán muy presentes en cada momento. No estamos solos y los equipos cambian, según tus avances, también. Lo que vas a descubrir, lo que vas a sentir en la resolución de tu trauma merece toda la alegría y celebración por la oportunidad que tienes de estar en el planeta resolviendo lo que tantas ganas tienes.

Ten la firme conciencia de que estás en la plataforma. Te acompaña la naturaleza viva de tu zona, del lugar geográfico donde vives. Los elementos, el aire, los pinos, el mar, si es tu caso. Todo cuenta, todo se pone a tu servicio para agilizar y acelerar los procesos de autosanación.

Lo tienes todo: la propia energía de la naturaleza, la emoción pura para que la extraigas como recurso para cerrar la brecha que un día se abrió con tu sufrimiento, y que hoy vas a limpiar para que entre la energía de amar y te lleves el amor en propiedad del planeta.

# 1. PRIMEROS PASOS, PRIMERAS CONCLUSIONES

*Empezamos a desarrollar el máximo amor sobre ti mismo, sobre tus creaciones… Lo que se hace con energía de amar no se puede destruir. A partir de este primer momento vas a empezar a ser consciente de dónde pones tus nuevos afectos y dónde vas a dejar de ponerlos.*

1. Seguramente tendrás que hacer cambios y darte cuenta de cómo te quieres y cuáles son tus afectos, de quiénes te rodean, si te convienen o no, si te roban la vida, vamos, por no decirte que te la quitan. Haz los cambios que tengas que hacer, tú sabes de qué te hablo. No tienes que enfrentarte a nadie y, si lo prefieres, da mejor tus pasos en silencio. Dirás lo que tengas que decir cuando sea necesario. Es momento de actuar con lucidez estratégica.

2. Proponte la resolución definitiva de tu ira, su procedencia. Date cuenta de cómo se pierde poder si te entregas sin conciencia a sentirla. Mantén la distancia para ganar poder. Vas a limpiar toda tu área de lo que te saca de tus casillas y a proponerte cambios definitivos para siempre jamás, hemos venido a eso.

3. Ganar poder es conocerte en tus emociones, en tus reacciones y no permitir que nadie juegue con ellas. Trabaja desde el máximo silencio y concentración para la instalación de la resolución definitiva.

4. Aléjate definitivamente del foco irradiador de tu sufrimiento. Busca el máximo silencio y encuentro amoroso contigo mismo en tu propia ciudad. Encuentra tus propios espacios de paz, si son en la naturaleza, mejor. Ya te dije que los cambios van a ser definitivos: lo mismo te toca divorciarte, cambiar de ciudad, de trabajo, de amistades, o tener conversaciones difíciles con determinadas personas que no quieres ya tener en tu vida.

5. Es muy importante que lo hagas todo sin disgustos, en la mayor calma posible, nada que te haga perder tu preciosa energía, la vas a necesitar toda. Encuentra el momento, tu manera, sabrás hacerlo a tu estilo.

6. Has llegado desde muy lejos para estar aquí y con la firme decisión más importante de todas: ahondar en el conocimiento de ti mismo. Te vas a enterar bien de toda la historia, de todo ese entramado para quedarte muy tranquilo e irte a casa con esa maravillosa sensación en el cuerpo.

7. Y hablando del cuerpo, ¿sabes que es tu mejor instrumento? ¿Sabes que es tu gran baza para sanarte? Te lo va a dar todo, está dispuesto a pasarte la información que necesites. Confía mucho en él, en su lenguaje. Guarda gran parte, por no decir toda la información, de lo que te aconteció. Puede ser que sea un cuerpo apaleado; de ahí tu ira y tu enfado. También puede ser que ni siquiera ese enfado fuera tuyo, sino que estaba irradiando, contándote la ira y enfado que recibió y cómo pasó todo. Por eso te pido delicadeza con tu cuerpo porque vas a empezar a escucharlo, a prestarle atención. Contiene toda la historia de lo sucedido guardado en él y quiere pasártela.

8. Descubre la importancia del juego, de divertirte mientras resuelves. Juega, desarrolla la ternura hacia ti mismo, mírate amablemente, no como te miraban o como te despreciaban. Sé que cuesta, sobre todo si tienes miedo a la violencia. Llegarás a mirarte al espejo y decirte: «¿Sabes qué? Que te quiero mucho».

9. Con trabajo interior aprenderás a pinchar el globo sonda de quienes quieren fastidiarte y aprenderás a apagar todas las alarmas de tu sistema nervioso por contenidos no resueltos de los otros volcados sobre ti. Requiere de sistematicidad, perseverancia, confianza y continuidad en el trabajo. Y sobre todo de tiempo, no se hace de un día para otro, ni de un año para otro. Los cambios son definitivos y los recursos y técnicas que te vas a llevar las vas a poder aplicar en múltiples contextos y formarán parte de ti.

10. Quiero decirte que es fundamental que te leas el libro básico con el que yo empecé, *El trauma nuclear de la conciencia*, de Paloma Cabadas. Dicho libro es un básico, los tienes todos en su web. No te abrumes por la cantidad de información, solo empieza.

# 2. MANTÉN LA CALMA Y TRABAJA DESDE EL MÁXIMO SILENCIO

*Antes de ponerte a resolverlo con conciencia, la calma, el drenaje de emociones densas que han quedado en tu cuerpo tras los abusos perpetrados y el máximo silencio serán tus mejores herramientas.*

11. Su ira sobre ti es su dolor, no el tuyo. Su fracaso para amar, para reconocerte, para valorarte es su incapacidad para aprender desde la energía de amar. No justifiques más lo injustificable. Basta de relaciones donde no hay equilibrio entre el dar y recibir. Basta de relaciones donde solo uno pone y es fagocitado.

12. Solo buscan sacar tajada, nada más. Entender es resolver. Menos victimismo y más resolución de tu sufrimiento, que no te carguen con sus culpas, fracasos, violencia y con todo lo que no han resuelto y que, para colmo, es de ellos.

13. Páralo desde tu conciencia y con ayuda de tu cuerpo. Prepárate con los mejores. Nada de experimentos. Te presento los materiales que yo he utilizado en la bibliografía.

14. Victimizar, acorralar a la persona, dejarla con mucha ira, soledad, aislamiento y, desde ahí, golpearla sin dejar marcas y que parezca un accidente, sin posibilidad de escapar, sin testigos... Este es el trabajo de un profesional, la malignidad más despiada que queda al descubierto con tu trabajo interior. Lo más importante es que tú te lo puedas contar a ti mismo.

15. La verdad sale a flote, y no para que sientas más enfado y más ira, qué va, nada de eso; es para entender qué pasó. Este tipo de maltrato se ve con el tiempo, con la distancia. Antes estabas en la charca de fango donde te habían metido intencionadamente intentando salir. Los maltratadores son profesionales en hacer daño al otro, en usurpar, traicionar, robar, abusar.

16. En este tipo de trauma, que no te dé miedo a soltar cuando convenga soltar. No resistirse al cambio es lo mejor, no temer perderlo todo cuando las cosas se ponen muy feas. Si está en juego la continuidad de tu vida, de la vida lúcida que quieres, es mejor no confrontar y retirarse. Recuperarás mucho más de lo que creías haber perdido.

17. Es muy fácil, en situaciones de este tipo, entrar al trapo de emociones muy densas creadas intencionadamente, enredarte ahí sin darte cuenta; es el objetivo de tus maltratadores, tu desequilibrio. Así te manejan mejor, puedes estar frente a expertos en crear caos, confusión y enredo para que no se sepa la verdad, para sacar tajada. Y suelen estar muy cerca de ti, no son desconocidos.

18. Descubres que la vida te devuelve como un boomerang lo que debe ser resuelto, se empeña de mil maneras. Crees que perdiste, que no pudiste decir ni hacer, que no te quedaste tranquila, que te engañaron, pero no: otra vez la vida te trae la oportunidad. «Oye, aquí lo tienes otra vez, remata faena, que ya es ético devolver».

19. Los verás en su juego perverso y maligno y, gracias al trabajo interior, te convertirás en un gran habilidoso de tus emociones. Conseguirás no reaccionar como quieren, sino desde tu máxima calma, desde la más bonita y serena lucidez que hayas imaginado.

20. Solo envidian tu buen hacer, tus grandes valores de la energía de amar, tu energía, tu alegría, tu brillo, tu bondad y honestidad. Valóralos, son un tesoro muy preciado. Quieren ser tú, no como tú, sino tú, y no pueden. Todo quieren tenerlo por la fuerza, robando, usurpando, y todo eso se acabó ya. Reconócelos y empieza a vibrar desde ellos. Te identifican.

# 3. NOS PONEMOS A RESOLVER

*La vida misma y tus contextos cotidianos serán tus nuevas opciones, nuevas oportunidades para saber de ti, ahora desde la madurez que has alcanzado. Desde una nueva perspectiva, ya no eres alumno, eres un experto que está evolucionando.*

21. Empieza por discriminar lo que más te duele en la vida. Ponte a ello sin más dilación, te va a traer resultados que ni te imaginas. Es sorprendentemente amoroso. Léete el libro La muerte lúcida, de Paloma Cabadas; ahí encontrarás metodología del trabajo con los miedos.

22. Focalízate en la resolución de tu trauma, por mucho asco que sientas. Además de la ira, puedes descubrir que el asco es tu emoción dominante. Evolucionará también. Lo vas a lograr, esta vida es para eso. Vas a entrar en las cloacas para sanarlo, para llenarlas de luz. Ahora ya eres una conciencia en un cuerpo adulto, vas a poder.

23. Operación salida. Sal del lugar que te sigue arrastrando al mismo lugar aburrido y conocido de siempre. No le des más vueltas, ponte a ello. Mueve tus hilos con el mayor grado de silencio posible, trabaja para ti, rodéate de gente de confianza y, si no la hay, estás tú para ti mismo.

24. No alimentes la malignidad con miedo, compasión o culpa. Implica preparación y fortaleza interior; es una habilidad que se puede entrenar.

25. Poténciate en tu capacidad para amar. No es cuestión de estar amando al prójimo siempre; esta vez el protagonista de tus decisiones eres tú. Mueve tus fichas y no tengas miedo a las consecuencias de tus actos.

26. Trabaja la autoobservación y localiza: ¿qué emoción sigues repitiendo? ¿Cuáles están siendo tus obstáculos? ¿Qué miedos te toca encarar? ¿Cuáles van a ser tus primeros pasos? Los primeros movimientos son decisivos; una vez dados, todo fluirá con mayor facilidad.

27. Oídos sordos a creencias destructivas arraigadas en ti, reduce la culpa y enfócate en identificar y liberar lo que te cierra el corazón.

28. Ten conciencia personal de las dificultades superadas para poder progresar y evolucionar. Esto hay que verlo con mucha apertura de mente. En este punto estamos para ver la verdad, no para entrar en enfados de «mira tú lo que me han estado haciendo». Queríamos ver y vimos. Tiempo de ver la verdad, de reconducir, redireccionar. Integrar en la esencia de la conciencia los datos obtenidos.

29. Si te parecen poca cosa tus logros actuales, recuerda que estamos evolucionando constantemente. Estés donde estés, es el lugar idóneo tanto para empezar como para dar continuidad a tus proyectos.

30. Proponte dinamitar sin que te tiemble el pulso el patrón de repetición que te incomoda o te causa molestias. Las consecuencias evolutivas te van a resultar muy favorables. Confía en tus expertos (más información acerca de los expertos universitarios en www.palomacabadas.com).

31. Descubre en tu trabajo de investigación sobre ti mismo qué traumas tienes. Si fuera el de abuso por autoridad en el lado más luminoso, puedes reconocerte como alguien que ha venido a decir: «No, eso que tú haces no está bien, no es ético, y en esta vida no voy a quedarme callada ni voy a mirar más para otro lado; en esta vida afronto».

32. En este trabajo de evolucionar va a ser muy importante que te fijes en el otro. ¿Qué te gusta del otro? ¿Te indica una dirección a seguir? Es algo así como «¿cuánto me gustaría estar ahí?». Pues dale, desde tu nivel de partida, aunque estés a cero; nada de envidias ni crueldades hacia el otro, ponte a ello.

33. Y de ti, ¿qué destacas? ¿Qué talentos tienes? ¿Qué cambios llevas hechos ya? Eso también es crear. ¿Hay alguna actividad que esté empezando a nacer, algo que has descubierto de ti que se te da muy bien, que puedes pulir, que te da satisfacción, en la que no te sientes forzado? Aunque sea no hacer nada, tumbarse en la arena de la playa y sentir la brisa fresquita. ¡Pues tira por ahí! Te va a dar motor para el cambio que buscas.

34. Desarrolla tu poder interior para transformar la ira inoculada de otros hacia ti. Es un truco muy antiguo. Sé que hace mucho daño, pero puedes transformarla con conciencia. Está en tu cuerpo, localiza los depósitos de ira a evacuar en tu cuerpo. Discrimina órganos resentidos por la fuerza bruta. Recurre al trabajo energético.

35. En mi investigación sobre el trauma por abuso de autoridad, he descubierto que los que abusan de su autoridad se sienten amenazados por el brillo del otro y abusan e interfieren en tu vida con todos los medios oscuros con los que cuentan para quitarte de en medio. Tenlo en cuenta porque no es nada evidente. Confía en tus percepciones, no fallan.

36. Te sugiero que no establezcas luchas de poder. No pierdas ni un ápice de tu energía con gente que quiere llevarte a la desesperación. No quieren que nadie les haga sombra, no soportan ser segundones, no aceptan su nivel mediocre de evolución y tú les recuerda que poseen un lugar de falsa autoridad. Márchate de ahí lo antes posible con todo muy bien organizado y sin hacer ruido. ¡Planifica una estrategia! ¡Es tiempo de focalizarte en ti!

37. Recupera tu vida, no desesperes. Vuelve a apoyarte en la energía del grupo de personas que tengas más cercana. Cuenta con la gente de bien. No estás solo. Edúcate con los mejores. Desarrolla tu educación multidimensional. Hazte un experto.

38. Poténciate con evolución consciente. Tienes libros, conferencias, seminarios, másteres, expertos y los mejores terapeutas. No dejes pasar esta oportunidad para resolver y quedarte muy tranquilo, lo vas a conseguir.

39. Déjate en paz, no te machaques, no te autoapliques más presión de la necesaria. Es muy importante que atiendas a las sinapsis que más harta te tengan, a esos circuitos que otros intencionadamente quisieron crear para ti, para someterte, para que claudicaras, para que soltaras.

40. Desarticula la tecnología sutil perversa, invisible pero altamente efectiva. Se trata de sinapsis relacionadas con presionar, acorralar, aislar, ningunear, privar, desamparar, obstaculizar, aterrorizar, aminorar tu propio pensamiento creativo. Ponen en juego tu integridad, sin dejar huellas. Utiliza herramientas energéticas para desactivar y desmantelar dicha tecnología maligna y artillera.

41. Comienza a educarte para amar la singularidad que eres. Descúbrete. Conlleva todo un aprendizaje el sentir que tú eres tu mejor compañía. Llegarás a decirte «yo soy en quien más confío».

42. Ama la presencia en tu cuerpo. Eres beneficiario de todo lo mejor que tú mismo vas a poder empezar a darte. Conectarás con el poder de las cosas sencillas, de las pequeñas cosas. Te vas a dar cuenta de que, al final, lo tenemos todo y de que no necesitamos de tanto para estar bien y a gusto con uno mismo. Se trata más bien de vaciarse y no tanto de llenar el carro.

43. Te aseguro que te vas a convertir en todo un experto en el dominio de las emociones más densas, las vas a mantener bien a raya. Sobre todo, porque vas a descubrir que muchas de ellas son inoculadas. Vas a saber muchas cosas de ti. Aprenderás a desmantelar todas las trampas a las que te viste sometido, todas las argucias para sacarte de tu lugar, un lugar muy envidiado por otros, que no fueron capaces de ganarse lo que querían por ellos mismos y tenían que ir estafando y robando allá por donde iban.

44. Háblale a tu pasado desde la contundencia y la firmeza que has conseguido alcanzar. Lo sutil en acción tiene mucha fuerza y potencia. Echa todo lo que te moleste de tu pasado, no le necesitas, vacíate de lo viejo, despeja tu espacio sin más concesiones.

45. Ni un solo paso atrás en tu evolución y transformación. Has conquistado nuevos espacios por ti mismo como para dejarlos en manos ajenas de nuevo. Son tuyos, así que cuida bien con quién compartes tus logros y éxitos.

46. Da los pasos para atreverte con nuevas realidades en tu vida. Elige por ti mismo. Haz lo que te gusta y, si no sabes qué es, empieza por lo más sencillo para ti. No es cuestión de correr, pero hazlo, abre esa puerta que tanto miedo te da, secuénciate los pasos. Esta vez no se trata de grandes cosas, de grandes conquistas materiales. El asunto es más delicado y sencillo.

47. ¡Que no te afecte más lo mismo de siempre, por favor, vamos a ponernos ahí, a cambiar eso! ¡Que a eso hemos venido! Vale, sí, lo vi, lo sé, lo viví, necesito integrar ese dato en mi cuerpo, que no me disocie más, sé que forma parte de mi historia; es más, me sané de ella. Trabaja tu dominio energético.

48. Sé quiénes y qué hirió mi sensibilidad y cómo esto afectó a mi confianza, pero quiero poner todos mis recursos como conciencia para decirme: «Lo conseguí, lo sané y, aunque aparezca de nuevo, ya tengo recursos, sé cómo hacerlo». Además, me gusta verme en situación, porque me evalúo e integro, ya no se me va de las manos.

49. Sé que te cuesta mucho disfrutar tranquilamente de la vida, pero tienes que ponerte a ello. Ve probando con cosas sencillas, date el tiempo necesario, no desesperes. Es un proceso como dormir una siesta sencilla de pocos minutos sin sobresaltarse.

50. Empieza a incluir el humor en tu vida, fíjate en aquello que te saca la sonrisa. Pueden ser detalles muy sutiles, de la misma naturaleza. Ve la ternura que hay en ti y en la que te rodea, no todo es traición ni crueldad. Juega amorosamente contigo.

51. Vas a irradiar vida transformada y será tu logro, tu creación. Y, además, será referente para otras personas.

52. Lo más importante de esta vida es que cuentas con todo para poder resolver y evolucionar. No elijas soportar ni aguantar, habrá muchos tiempos de mientras tanto, aprovecha y gestiona bien tu tiempo en los durante. No pierdas nunca de vista tu estrategia para avanzar, para salir del sitio de donde no te gusta estar o del grupo con quien ya no quieres relacionarte más. No compartas todo lo que vayas a hacer, hazlo contigo, en silencio, programa tu avance. Crea tu plan. Tu fuga de la mediocridad.

53. Estate atento a lo que se está jugando en cada momento en las interrelaciones abusivas. ¿Qué concesiones hacías? ¿Por qué? ¿Con qué finalidad? ¿Qué evitabas? ¿Qué miedos había detrás de ello? ¿De qué te diste cuenta? ¿Pudiste ver, por fin, con claridad, quienes eran los implicados, los personajes? ¿Quiénes te han estado perjudicando durante todo este tiempo? ¿Cómo y por qué? ¿Los has sacado ya a todos de tu vida? ¿Te queda alguno aún? ¿Cómo los mantienes a raya? ¿Con qué te manipulaban? ¿Qué te hacían sentir para que soltaras o claudicaras? ¿Cómo has superado ese muro impenetrable?

54. Igual que el envidiado ha de conocer quiénes le envidian y por qué, el acosado, el acechado ha de conocer por qué le acechan, por qué le acosan, qué quieren de él. No te has dado cuenta de qué tienes, pero para ellos es un manjar, es un tesoro, algo que no pueden conseguir por ellos mismos. Lo que les quema de ti son tus talentos, tus tesoros, tu patrimonio. Tú eres el legítimo dueño de esos bienes inmateriales, no ellos. Apúntatelo bien.

55. Esto es importantísimo que lo descubras para protegerlo y saber administrarlo, para que no te lo fagociten, se lo queden ni lo ocupen. Es muy sutil: puede ser tu alegría, tu don de gentes, tu buen hacer, tu salud, tu inteligencia, tu poder social. Lo que irradias es energético, ya que no pueden producirlo, y lo necesitan para trepar, para sacar tajada de la vida, para seguir estafando y engañando, comiendo de la sopa boba. Hacen un corta y pega y se mimetizan con tus dones, se disfrazan de ti, usurpan tu ser y a ti que te den, te tiran a la carretera con el coche en marcha. Injuriado y difamado. Toma nota y subráyalo. A la mínima que detectes esto, sal de ahí. Pon distancia. No confrontes.

56. Trabajo interior, trabajo interior y más trabajo interior, no hay otra. Resuelve tu historia personal de abusos, ya fueras la verdadera víctima o el abusador que se hizo pasar por víctima de sus propias víctimas. Así de claro te lo digo, basta ya. Estamos cerrando la polaridad maltratador-víctima, es el mismo rollo lo mires por donde lo mires.

57. Confía mucho en ti: con trabajo interior dejarás de ser víctima. Te empoderarás y descubrirás el enorme poder que tienes sobre quienes te abusaron, porque tu sola presencia y tu campo sanado les recuerda la brecha que tienen abierta aún sin resolver.

58. El miedo que sentirán a lo desconocido (en este caso tú, porque ya serás un sistema impredecible para ellos, incontrolable, porque así te han tratado antes, como un pelele con botones al que hacer llorar cuando les daba la gana) les dejará inmovilizados o huirán frente a ti dándote un portazo en la cara. Así de cobarde es la malignidad. Y, entonces, te darás cuenta de que aquí empieza tu nueva historia, sentirás que recuperas tu grandeza perdida habiendo devuelto toda la estafa a su fuente origen.

# 4. LA ADMINISTRACIÓN DE TU GRANDEZA: DEL MALGASTO ENERGÉTICO A LA DOSIFICACIÓN CONSCIENTE

*En tu avance, tu percepción se transformará de tal modo que sentirás en tus carnes que te ha tocado la lotería en esta vida y que no te habías dado cuenta de ello. Sentirás cómo todo es una conjugación para resolver de la manera más amorosa posible. Así que celebremos que nada se va a ir al garete. Tenemos mucha ayuda.*

59. Conoce y domina muy bien tu nivel de partida. Empieza por lo que eres capaz de hacer sin ayuda, por ti mismo, y avanza en dirección a un mayor grado de autonomía. Si estás en un cuerpo de mujer, no desconfíes de él; sientes de manera diferente y te va a permitir una resolución completamente distinta a si estuvieras en un cuerpo de hombre. Sus características energéticas van a favorecer que lo mismo que te pudo llevar en el pasado a un resultado no favorable para tu evolución ahora lo consigas con mayor facilidad y eficacia. Siéntete y siéntate en tu cuerpo de mujer. Soberana.

60. Investigar sobre ti mismo te va a traer muchas satisfacciones, tú mismo gradúas tu propio proceso. Durante la primera etapa de sanación del trauma por abuso de autoridad, toda tu atención irá ahí a comprender tu sufrimiento, a vértelas con él hasta conseguir dejarlo sin fuerza sobre ti. Es muy amoroso el proceso, te tiene que gustar. Búscate las formas para implicarte con mucha dedicación, sin sentirte forzado a nada.

61. Te recomiendo sanar el trauma por abuso de autoridad desde otra perspectiva también muy interesante a través la emoción pura. Es una forma más sutil donde rediriges la energía sin calificativos hacia el objetivo deseado. La emoción pura se relaciona con energías más puras procedentes de la naturaleza. (Audios Máster Class Evolución de la Conciencia, de la autora Paloma Cabadas; en la bibliografía señalo algunas de ellas para empezar con el trauma de abuso de autoridad: www.palomacabadas.com).

62. En el trauma por abuso de autoridad, encuentra el punto medio en tus emociones. Si están muy dañadas, resuelve dándote cuenta de cuál es tu emoción dominante, si es la ira, en enfado, la rabia o el asco hacia ti mismo. Puede ser que te sientas un mierda; baja y llega hasta el fondo.

63. Trabaja con la emoción pura, incluye en tus trabajos terapéuticos el trasvase, la transformación de estas emociones más pesadas a energía más sutil. Usa para ello la energía pura de la naturaleza. Dale la dirección más favorable para ti de ahora en adelante. Trátate bien, con amor, cuando llegues al fondo.

64. Para sanar tu emoción dominante, esa que hace que todo se te vaya de las manos, te sugiero que focalices en cosas de tu interés natural, como, por ejemplo, explorar la belleza que hay en las pequeñas cosas de la vida. El verano ha sido decisivo para darme cuenta de esto. En mi caso, el trauma por abuso de autoridad me dejó sin la exploración de las pequeñas cosas de la vida, y esto se vio repercutió en el grado de confianza en mí misma. Vas a llenar tus depósitos expoliados por el abuso de otros. Tú no has tenido culpa de nada. Ahora sí, toca prepararse.

65. De la misma manera que en el trauma por rechazo (según el Programa de Evolución Consciente hay tres tipos de traumas: trauma por abandono, rechazo y abuso de autoridad), la persona ha de verse en situaciones de comunicación para sanarlo. En el trauma por abuso de autoridad, según mi experiencia, la persona ha de crear sus propias experiencias de exploración de las pequeñas cosas como de la realidad en su conjunto, sentir que puede hacerlo en libertad, sin ataduras, sin vigilancia constante, vivir siendo ella misma sin acecho malsano.

66. Te irás pillando en tus autocensuras y en tu hipervigilancia para comprobar si haces las cosas bien o mal. Con el tiempo y trabajo interior, irás soltando estos hábitos e irás ganando mayor autoconfianza en ti.

67. Puedes descubrir que no tengas dificultades para poner límites, que sabes poner las distancias muy bien. Quizás el golpe te vino por ahí, por decir: «Oye, tú, que por aquí no vamos bien».

68. La fuerza bruta te puede llegar siempre que te dispongas a ejercer tu poder femenino interior (no es exclusivo de la mujer): decidir, elegir por mí, mostrar dirección, soberanía, decir basta, obtener éxitos. Todo esto en mí ha sido feroz y brutalmente castigado por el entorno más cercano. No tengas miedo de seguir confiando en ti y en la fuerza de tu verdad. Tu cuerpo ya ha dicho basta a seguir siendo apaleado.

69. Ahora, en esta vida, ni nos van a fusilar ni vamos a morir en el potro de tortura por decir la verdad; es preferible mostrar tu fortaleza interior y no arrepentirte en tu período *postmortem* de haber dado marcha atrás por miedos o bloqueos.

70. Claro que podemos con nuestra grandeza. De hecho, lo grande está hecho para nosotros, la mediocridad incómoda y no te deja cerrar.

71. Es desde tu grandeza desde donde puedes ejercer tu liderazgo, resolver y gestionar las dificultades con las que te puedes encontrar mientras estás resolviendo.

72. Verano, tiempo de maduración de todo lo sembrado. Qué importante es saber esperar la cosecha con todo lo invertido en tu evolución; solo te esperan los mejores resultados.

73. Elige desarrollar emociones que te hagan estar en tu cuerpo con menos densidad, menos rabia, menos enfado. Resuelve lo pendiente. A menudo no podemos escapar de lo que tenemos delante, lo sé, pero ese es nuestro trabajo para estar cada vez mejor en nuestro cuerpo y para gestionar lo feo, lo horrible y lo escalofriante con una nueva actitud y estrategia a como lo hemos hecho en el pasado.

74. Resolver lo pendiente del trauma por abuso de autoridad es toda una experiencia y oportunidad para transformar emociones densas procedentes del abuso en todas sus formas por emociones más puras. La naturaleza te ayudará. Insisto: si vives cerca del mar o de la montaña, recurre a ella.

75. En el encuentro con el otro, ya no hay tiempo para soportar lo que antes soportabas con la boquita cerrada. Ya no hay más paciencia con lo que no va. Es un tiempo de estar con uno mismo, de no querer ir de salvador de los demás, de dejar de ser un saco de boxeo donde recibir la ira y lo no resuelto de la otra persona.

76. Ya no es tiempo de someterse para evitar los golpes y la violencia del otro, la locura del otro en nuestros cuerpos, en nombre del amor que me tengo y gracias a las posibilidades que me brinda esta vida. Damos por finiquitado la resolución del trauma por abuso de autoridad. Eso no quita que haya que estar atenta a él a lo largo de la vida.

77. Dosifica tu tiempo en lo que has echado a perder. No lo pierdas con lo inerte. Invierte en ti, en conocerte, en disfrutar lo que tú quieras con quienes tú quieras. Organízate. Valora las pequeñas cosas, lo gratis que encuentres a tu alrededor.

78. Y a pesar en la insistencia de muchos por la devastación, por hacerte la vida imposible, por llevarte a la desesperación; solo hay vida en el universo. La insistencia y permanencia en el mal se acaba pagando muy caro, tocando techo.

79. Si el abuso de autoridad hirió tu confianza, es decir, si perjudicó tu confianza y seguridad en ti, es tiempo de encargarte de vaciar esa herida, limpiarla y favorecer que cicatrice. Cada uno tiene sus fórmulas. Yo encontré las mías cuando decidí que una y no más.

80. Escucha mucho a tu cuerpo, mantenlo en forma, proporciónale las rutinas necesarias para eliminar toda esa toxicidad que en gran medida ha venido de fuera en forma de mentiras, abusos, calumnias, difamaciones e injurias. Haz lo que corresponde en esta vida.

# 5. HABLEMOS DE CREAR

*Aprenderás que eres tú mismo quien llenas tus vacíos, quien te completas. No hay medias naranjas; el amor de tu vida eres tú y todo lo que va contigo: talentos, memorias nucleares y proyectos de vida. Esto es lo más importante que vas a descubrir, los tesoros de tu ser.*

81. Despéjate el camino, elimina obstáculos, aparta de ti todo aquello que te frene y obstaculice tu progreso evolutivo, busca soluciones. Ya no podemos perder más tiempo con personas difíciles, costumbres, tendencias, rulos mentales. Estamos en juego nosotros mismos.

82. Póntelo muy fácil y siente alegría por ello, visualízate victorioso por ello. No solo es un ejercicio mental, con imaginarlo no vale, tienes que ponerte a ello, a materializar lo que quieres y a desmaterializar lo inservible con el menor coste energético posible.

83. Si te gusta escribir, escribe. Quizás quieras publicar cuentos ilustrados para niños. Sal a la luz, brilla sin miedo y sin exigencias. Parece que son demasiadas cosas las que tienes que hacer, pero, una vez que te pones, encuentras las formas.

84. Tus espacios agradables ¿cuáles son? Y, si no tienes, ¿cómo los cambias? ¿Permaneces en ellos o haces los cambios? ¿Te mueves?

85. Aprenderás que eres tú mismo quien llena tus vacíos, quien te completa. No hay medias naranjas, el amor de tu vida eres tú y todo lo que va contigo: talentos, memorias nucleares y proyecto de vida. Esto es lo más importante que vas a descubrir, los tesoros de tu ser.

86. Atrévete con lo que te gusta de verdad, con lo que te llena, te apasiona. Obsérvate: con qué actividades pasas más tiempo, qué te sigue gustando a pesar de los años, tus elecciones, esas decisiones que tomaste cuando aún no sabías nada del trauma de abuso de autoridad, que siguen estando ahí. Puede ser estudiar algo que siempre te gustó y que no lo veías para ti porque creías que de tu talento, de tu sensibilidad no podías vivir. ¿Y si ahora lo retomas solo por la alegría de hacer algo en lo que no te sientas forzado ni presionado porque hay que ganar dinero, pagar facturas, alcanzar estatus y todas esas cosas? ¿Cuál sería para ti esa actividad? ¿Qué es aquello que te hace sentir como en casa?

87. Mira con otros ojos tu ciudad, el lugar geográfico donde naciste. Puede que también esté en el mismo proceso que tú, es decir, que se esté transformando. Aunque en mi ciudad aún queda mucho por hacer, valoro sus últimos cambios. Amo sus costas y la brisa marina que refresca las calles, me produce un gran bienestar pasear por sus espacios naturales, ya que me brindan la energía necesaria para pensar en mí, redireccionar lo que estoy haciendo o simplemente dejarme mimar.

88. Crea tu nueva vida, tus nuevas circunstancias, date tiempo para ello y mucho descanso físico, si lo necesitas. Hazlo con paciencia, las cosas no se consiguen de un día para otro.

89. Durante este tiempo de espera, recuperarás la confianza perdida en ti, en la vida, en las personas de bien, en la materia y en los tiempos necesarios para que se restablezca de nuevo la dinámica de la vida. Esta vez podrás vivir de manera consciente tras la ferocidad del golpe experimentado por la fuerza bruta, descomunal e intencional de otros con graves e irreparables repercusiones, en algunos casos, para el cuerpo físico.

90. Resulta decisivo para tu evolución como conciencia posicionarte firmemente para decirte a ti mismo: «Aquí tiro para adelante con todo y confío en la vida hasta donde llegue. He podido identificar dónde estaba la energía de amar, y ahora sé en qué momentos, acciones, decisiones y elecciones que hice estuvo ahí, y esa hebra, ese hilo, va conmigo adonde quiera que yo vaya, no lo pierdo más. Llegados a este punto, no hay marcha atrás».

91. Crear, además de avanzar, implica tomar nuevas acciones, como dejar de hacer determinadas cosas que repetías en el pasado y liberarte de finales impuestos por otros. Toma nuevas decisiones, tira lo viejo, despréndete de lo que no te sirve y cierra ciclos. Devuelve a quien tengas que devolver y empieza de cero las veces que te haga falta.

92. Vivir así te va a traer muchas satisfacciones porque vas a estar actualizándote la mayor parte del tiempo, y al final formará parte de tu vida esta dinámica que te estoy sugiriendo. Y, por supuesto, no tengas miedo; al final todo se reordena incluso en las peores circunstancias. Lo sé por experiencia propia.

93. Para empezar a crear, no hay nada como un domingo de esos pesados, de los que aburren hasta decir basta. A partir de ahora, úsalos de otra manera: para hacer trabajo interior, para cerrar ciclos. Escucha lo que el silencio dominguero tiene para ofrecerte y prepara nuevas estrategias. Definir lo nuevo que vas a empezar a hacer desde ya sin soltar nunca más eso que quieres para ti.

94. Y, para crear lo nuevo, tienes que hacer espacio interno. No vale mirar de lejos tu dolor, tu sufrimiento, lo que te ha dolido mucho o te sigue doliendo. Lo debes tener muy bien identificado. Ya no es ético no querer verlo. Hemos venido a esto, al ejercicio de nuestras facultades sensibles en integración con la vida cotidiana en tiempo lineal. En esta vida sí que vas a decirte: «Yo sí puedo ahora y sí pude con la resolución de mi trauma».

95. ¿Y qué harías si te sintieras completamente sanada, liberada del trauma por abuso de autoridad? ¿Qué nuevo sentimiento habrías creado de esa emoción dominante que te llevaba a un final repetitivo? ¿El mismo de siempre? ¿De qué te entrarían ganas? Mírate ahí, vamos a marcar esa dirección con actividades sencillas, ¿cómo serían las tuyas? ¿Tiene que ver con el cuerpo? ¿Saldrías a pasear tú sola en bici, como una niña pequeña pedaleando a toda pastilla con el viento de cara? ¿Te irías a hacer un curso de surf con tus niños o sola? ¿Empezarías a estudiar algo nuevo con miras a cambiar de trabajo, ese trabajo que te pesa porque se ha convertido en pura burocracia, o quizás has visto la forma de transformar la vida de tu entorno laboral y eso te ilusiona a ti y a los que conviven contigo?

96. Ya lo ves, para mí, evolucionar en mi ciudad El Puerto de Santa María, me ha supuesto un enorme lavado energético a presión. Y estoy muy feliz por ello. Y más aún en mi cuerpo de mujer; es todo tan distinto y tan amoroso al mismo tiempo... Todo el amor que he invertido en mí, en la resolución amorosa del conflicto, en la comprensión de la verdad, en el uso y aplicación de mi pensamiento a lo grande y en mi inteligencia energética me ha traído los mejores resultados; el más deseado por mí, la integración natural de mi sensibilidad en mi vida cotidiana con toda la naturalidad. Espero y deseo que a ti también te sirvan y apliques estas ideas que te aporto. ¡Te aseguro que funcionan!

# 6. INTEGRA LOS BALANCES EN TU VIDA

*No pudiste verlos en su verdad, no te diste cuenta hasta que no fue demasiado tarde. Valórate haber permanecido con vida frente a la jauría terrorífica con la que te topaste en tu contexto más cercano.*

97. Numera, contabiliza o haz un registro si prefieres de todo lo que has ido resolviendo y/o tienes ya resuelto. Da mucho ánimo ver tu agenda vacía de todo lo pendiente por hacer. Organízate como prefieras, pero que puedas ver lo que has superado, las veces que te has atrevido, lo nuevo que has iniciado, de lo que te has desprendido o desapegado definitivamente, los límites que has puesto, los capítulos que has cerrado, las conversaciones difíciles que has tenido…, y si has escrito un libro, destácalo también.

98. Cuenta los aspectos que conscientemente han mejorado de tu vida. ¿Ahora tus relaciones son más auténticas, tienes más espacio para ti, te has quitado a gente incómoda y petarda, bodas, comidas compromiso de empresa, cenas de Navidad, el amigo invisible? ¿Los has puesto bien lejos de ti ya?

99. ¿A qué conclusiones nuevas vas llegando? ¿Has desmitificado, dejado de idealizar o de confundir a las buenas personas con impresentables que van disfrazados del amigo de todos los niños? En este trabajo de amor hacia ti te vas a quitar todas las culpas frente a los grandes profesionales de la mentira, el engaño y el disfraz. El daño lo hicieron ellos, no tú. No fue ingenuidad ni exceso de bondad; lo que viviste fue el ejercicio sibilino de la malignidad integrada y encarnada.

100. No pudiste verlos en su verdad, no te diste cuenta hasta que no fue demasiado tarde. Valórate el haber permanecido con vida frente a la jauría terrorífica con la que te topaste en tu contexto más cercano.

101. Te cuento aquí mis principales conclusiones y aprendizajes adquiridos tras este enorme desafío para que tú también te atrevas a realizar tus cambios y cerrar definitivamente cualquier vínculo con tu pasado menos productivo. El futuro te está esperando. Crea tu propia vida si es que aún no la tienes.

102. Vas a aprender a amarte tanto que pondrás la admiración en ti. Dejarás de esperar a que el otro te mire así, serás tú quien te mire con aprobación, con amabilidad. Tú te aprobarás a ti mismo, te recordarás las veces que has podido con tal o cual situación y cómo sacaste tu autoridad y tu fortaleza para no permitir nunca más el avance de la malignidad, aunque esta fuese un miembro de tu familia, un falso amigo o alguien del trabajo; al final están más cerca de lo que parece.

103. Te vas a mirar al espejo para decirte lo bien que lo has hecho, lo buena persona que eres y lo valiente que has sido al parar la estrategia de una panda de delirantes y desquiciados locos.

104. Descubrirás tus mejores talentos: equilibrio, confianza, seguridad, tu estructura sólida de conciencia, fuerza y poder interno. De todos ellos te evaluarás, felicitándote y dándote la enhorabuena por tanta sabiduría recuperada.

105. ¿Cuánto espacio nuevo de ti has recuperado? ¿Qué cantidad de poder interno llevas integrado? ¿Cómo lo vas ejerciendo? ¿Cómo te vas dando cuenta de ello? ¿Cómo lo sientes? ¿Te ves ya sobre la marcha haciendo actividades que antes eran impensables para ti? ¿Sientes en ti una nueva actitud frente a lo mismo? ¿Eres consciente de lo que ha habido detrás de esos cambios? ¿Sabes ya quién eres tú? ¿Lo muestras?

106. ¿Quiénes son afines en tu avance? ¿Quiénes te han ayudado, motivado, alentado e inspirado? Es importante que tengas muy en cuenta la ayuda recibida; el agradecimiento llena de plenitud tanto el corazón como los demás órganos del cuerpo.

107. ¿Qué usos le das a tu pensamiento? ¿Lo usas solo para darle vueltas a lo mismo de siempre o para traer nuevas respuestas? Desarrollarás con perseverancia un pensamiento mucho más amable contigo. Serás consciente de las sinapsis inservibles, del material residual que tendrás que eliminar y desmantelar. Un buen trabajo energético que te conecte con tu sentir te traerá las mejores respuestas. Y, por último, muy importante, no tengas miedo a sentir lo multidimensional en tu cuerpo. Si fuera el caso, es momento de educarte en el desarrollo de tu sensibilidad para que no desborde y la pongas a tu favor.

# 7. A POR EL SEGUNDO PROYECTO DE VIDA

*Cuando decides dejar de sufrir y te pones a ello con conciencia, empieza a organizarse todo para que entre lo nuevo en tu vida con carácter definitivo sin marcha atrás.*

108. Ya estás en mejores condiciones de empezar a ser tú de una vez por todas, ya te has dado cuenta de cómo hay que hacer para dejar de complacer a los demás para mantener su orden sin que te tiemblen las piernas. Te toca instalar tu orden definitivo.

109. No olvidas tu conexión con el planeta, con tus afines, con tu unión de procedencia, ya no te sientes culpable porque dejaste atrás lo que no merecía más de tu dedicación y de tu sostenimiento, más conexión con lo que de verdad te pide el cuerpo. ¡Hazte un buen trabajo energético y desancla para siempre esa pesada culpa de tus procesos de concentración! Te darás cuenta de que sí puedes y de que siempre pudiste.

110. Has ganado una visión de la vida con mayor perspectiva y, cuando algo te empiece a pesar, enseguida sabrás recomponerte y decirte: «Espera, vamos a ver las cosas desde la cresta de la ola, que ya no es para tanto, sin penas ni agobios». Te das cuenta de que no te quedas a vivir en tu pesar, sabes cómo salir de él. Ya te manejas muy bien con la otra cara del sufrimiento y sabes que te vas a llevar un gran aprendizaje con lo que tengas que enfrentarte.

111. A partir de ahora irás viendo cómo vas evolucionando, cómo está siendo tu evolución, cómo vas progresando. Esta vez sin prisas, sin exigencias, oyendo a tu cuerpo, que es quien mejor te dirige. Te has hecho un experto en dominio energético.

112. Te irás conociendo mejor en tus silencios, en tu calma y en tus descansos.

113. Amarás al nuevo ser que se ubica en tu nuevo cuerpo, más evolucionado, más transformado, más completo e integrado, mucho más limpio, ya que, como habrás drenado mucho, te sentirás mejor en tu presente. Lo vas a notar en el cuerpo.

114. Iniciarás esa segunda parte de tu proyecto de vida, donde ya lo de sufrir habrá quedado más lejos. Puede ser que te queden cosas por resolver, pero esta vez será muy distinta, porque lo harás desde el amor a ti y a la resolución definitiva de tu trauma por abuso de autoridad. No te darás más la vara con la autoexigencia ni con la perfección extrema, sabrás acompañarte mucho mejor.

115. Actualmente la segunda parte de mi proyecto de vida continúa con la matriculación en el Máster para Terapeutas de la Evolución Consciente creado por Paloma Cabadas y avalado por la Birchham International University.

116. Y con la publicación de este nuevo libro que tienes en tus manos.

# 8. TRANSFORMANDO EL TRAUMA DE AUTORIDAD DESDE LA DOCENCIA

*Antes de finalizar A buen puerto, dedico este apartado a reflexionar sobre la posibilidad de transformar el trauma de abuso de autoridad en entornos escolares (bullying) desde la Educación Multidimensional.*

*De entrada, es un tema del que nadie quiere hablar en profundidad, es muy molesto porque nos implica a todos, exige un posicionamiento y una respuesta contundente, que no se hace porque no existe ni acaba de interesar un plan sistemático y bien organizado a largo plazo para cortar de raíz y prevenir estas situaciones. Se mira demasiadas veces para otro lado para evitar mirar hacia dentro.*

*En estos párrafos, te aporto mis datos recogidos como docente a partir de la interacción en entrevistas y diálogos mantenidos con víctimas y victimizadores.*

*En esta relación, mi posicionamiento es firme, me sitúo al lado de las verdaderas víctimas siempre y cuando se pongan en movimiento para transformar la situación, no para marearla. Y lo mismo con los victimizadores: si hay verdadera conciencia de cambio, aporto mi conocimiento y sabiduría; de lo contrario, suelto amarras.*

*A continuación, te muestro mis reflexiones a partir de lo trabajado en las aulas con las verdaderas víctimas cuando estas deciden cambiar:*

117. Para que una víctima deje de ser víctima, hay algo muy esencial a nivel del cuerpo que ha de moverse, si no, no hay nada que hacer. Ha de querer este cambio por encima de todas las cosas.

118. El aprendizaje sería integrar en el mismo núcleo de la conciencia todo el repertorio de actuaciones y herramientas orientadas hacia la respuesta contundente contra el bullying. Ha de nacer de las mismas profundidades del cuerpo físico. Exige compromiso y no desfallecer ni en las peores circunstancias.

119. Ha de implicar a estructuras organizativas de poder para que la resolución del conflicto sea más eficaz y contundente.

120. Exige no desistir, afrontar y prepararse desde un férreo compromiso para atravesar lo que, desde el miedo que fogueaba esta gente, la verdadera víctima no pudo hacer.

121. Implica tomar decisiones que probablemente la víctima nunca antes se haya planteado, como denunciar, pedir ayuda, salir del aislamiento y del tratamiento de silencio al que la someten, crear una red de apoyo, visibilizar los hechos, hacerlos públicos, llegar hasta el final. Requiere valentía, pero, llegados a un punto, merece la alegría este posicionamiento.

122. Exige mucho movimiento por parte de la víctima hasta hacer de la conciencia de los límites, variable de la energía de amar, un estilo de vida integrado.

123. Para que la resolución del conflicto sea definitiva, la víctima, en su alzamiento, ha de apartar la violencia y el desgarro emocional propio, que solo la llevan a hacerse más daño, sustituir la densidad emocional por el pensamiento a lo grande.

124. Ha de mostrar convencimiento y confianza en el tiempo para concretar eso que tanto desea para sí misma. Ha de perseverar en la demostración de la verdad, si fuera el caso, pero lo más importante es que pueda contarse la verdad a sí misma.

125. Las verdaderas víctimas han de proponerse no dejar pasar ni lo más mínimo, y estar atentas para detectar y obstaculizar el abuso más sutil e imperceptible a los sentidos físicos en este sentido: mucha confianza en las intuiciones, certezas, corazonadas y en toda la información que el sentir de los sentidos inmateriales vaya trayendo, que son de altísima fiabilidad.

126. El día a día, este proceso de cambio se ha de aprovechar para realizar ensayos y entrenamientos donde ejercitar el poder interno, la argumentación, la defensa verbal, el posicionamiento diferente frente a lo mismo de todos los días. El entrenamiento de la Inteligencia Energética será clave.

127. Y, de manera preventiva con las familias, orientarlas y animarlas a que eduquen y motiven el buen ejercicio de la autoridad en sus hijos. Desde pequeños, los profesores ya vemos la buena capacidad de liderazgo, y aquí nuestra labor estaría enfocada a potenciar en nuestros alumnos ese talento y animarlos a que lo expresen.

128. Y, en cuanto a los victimizadores, compartían conmigo lo siguiente. Me decían que, a pesar de saber que estaba mal lo que hacían, les daba igual. Disfrutaban con todo el caos que generaban a su alrededor, les gusta ver el sufrimiento en el rostro de los demás, se sentían poderosos.

- «Yo ya nací malo, disfruto viendo sufrir a los demás. Además, me considero un caso perdido y, a estas alturas, me da igual todo».

- «No me gustan los chistes ni oír la risa, pero me gusta burlarme de los demás y salirme con la mía».

- «Me gustaría pasarme al bien, pero, al final, siempre acabo metiendo la pata. Y, si me paso al bien, si dejo de hacer todo esto, ¿harán lo mismo conmigo?».

- «Me da mucha envidia y lo paso muy mal, cuando veo que los demás son mejores que yo. Siento un dolor muy grande dentro de mí, por eso trato mal a la gente, para sentirme mejor».

- «Yo no debería estar aquí, otra vez repitiendo, qué pereza, qué inutilidad. Debería estar ya ganando mucho dinero fácil».

- «Me gusta hacer sufrir a la gente, tratarla mal, insultarla, porque en el fondo mi vida es una verdadera mierda».

*Desde la Educación Multidimensional, a los abusadores les he plan-*
*teado tratar el trauma por autoridad poniendo en marcha recursos de la*
*conciencia. Lo observado ha sido:*

129. Cuando les planteo la posibilidad de abrir cambios en ellos, no quieren oírme porque tienen miedo de que les hagan lo mismo que ellos hacen.

130. Por lo que he ido viendo, hay un desamor muy profundo al nivel de la evolución que traen, de la posición inicial de la que parten. No quieren estar ahí, la detestan, algunos se preguntan por qué les ha tocado la familia que tienen, pero tampoco quieren hacer nada por cambiarla ni reflexionar sobre ello como inicio para resolver. Es como si no lo vieran posible, sienten que tienen mucho acumulado, mucho pendiente.

131. Están internamente muy enfadados por haber nacido en ese contexto, quieren ir a lo fácil y salirse siempre con la suya, y todo por la cara, sin esfuerzo. No celebran, detestan los chistes y no les gusta ver reír a las personas. Hay una especie de fobia, de rechazo, con ira hacia las carcajadas naturales de los demás.

132. No tienen un lugar interno de seguridad, por eso lo roban y lo destruyen por la fuerza, desde el más feroz abuso de autoridad. Intimidan, aíslan, acorralan, aminoran, amenazan de muerte, pero te aseguro que cuando les plantas caras, aunque te doblen en peso y en altura, salen corriendo y te dan con la puerta en las narices; son muy cobardes.

133. No son auténticos en sus afectos, a menudo actúan como mentirosos compulsivos. Tienen dobles intenciones, pretenden sembrar la duda y la confusión, pero, a estas alturas, energéticamente son inconfundibles. Recomiendo prestar mucha atención a lo que nos hacen sentir las personas durante los encuentros; la sensibilidad aporta datos de alta confiabilidad para la detección preventiva.

134. Tienen una aversión muy evidente al esfuerzo, a conseguir las cosas por sí mismos, a poner su propia energía en lo que hacen; el trabajo les da agobio y lo saben. Desconfían de poder llegar a buen puerto.

135. Muestran vagueza y pereza, no valoran el tiempo que ponen los demás en los cuidados, lo ven como exigencia. El insulto y el menosprecio abierto al trabajo del otro, a lo mejor del otro, es su manera de actuar día a día.

136. No tienen palabras de agrado, de amabilidad, y se expresan con malas formas; en cambio, exigen todo para ellos, demandan mucho afecto y atención de los demás, son autoritarios y muestran cero agradecimiento.

# Fin

Ya depende de nosotros, si queremos seguir insistiendo, incluso en relaciones laborales y profesionales, donde por más que pongas no llega de vuelta absolutamente nada.

Profesionalmente, las medidas que se están implementando muestran una mayor sensibilización por dar una respuesta fulminante al acosador. Somos cada vez más los que pensamos y actuamos para que ningún ser humano vaya a la escuela a sufrir a manos de otros.

Y ahora sí me despido de todos los que habéis confiado en *A buen Puerto*. Espero que os inspire a dar el primer paso en vuestros próximos cambios, y ya sabéis que el sumatorio de pequeños cambios sostenidos en el tiempo da lugar a una transformación, y cuando esto ocurre, no hay marcha atrás. Me siento feliz por haber podido investigar y conocer muy de cerca el trauma por abuso de autoridad y todos los tesoros que tenía reservados para mí.

Valoro la enorme importancia de estar aquí y honro todo lo que mi cuerpo y yo hemos sostenido, la fuerza de nuestra verdad en medio de un panorama desolador y devastado por quienes no hicieron su trabajo interior y hoy en día siguen resistiéndose al cambio.

Mi sueño es estar cada vez más cerca de una vida lúcida y pongo en lo que hago mi aportación, mi granito de arena para acercarme a esa vida feliz, coherente y creativa que quiero para mí y para mis seres queridos.

# RECURSOS ESPECÍFICOS PARA TRABAJAR CON EL TRAUMA DE ABUSO POR AUTORIDAD

Nota: Toda la bibliografía y las masterclasses pertenecen a la autora Paloma Cabadas. Puedes adquirir los recursos en su web www.palomacabadas.com

## Bibliografía

*El trauma nuclear de la conciencia. Extirpar el sufrimiento de raíz*
*Programa de Evolución Consciente. El trauma nuclear por abuso de autoridad*
*La muerte lúcida*
*El tratado de la Maldad*
*La inteligencia energética*
*La energía de amar*

## Masterclasses de la web

La autoridad
Una vida decisiva
El miedo mata
Tu mejor hazaña
La verdad no miente
El poder de pensar a lo grande
Ser malo todavía vende

*Agradecimientos*

*Agradezco al planeta Tierra cómo aprendí a distanciarme de la densidad para recuperar mi poder interno.*